뚜벅뚜벅
우리 역사

역사학자와 함께 떠나는
뚜벅뚜벅 우리 역사 |고구려 편

1판 1쇄 찍은날 2014년 6월 2일
1판 1쇄 펴낸날 2014년 6월 2일

글쓴이 · 강현숙
그린이 · 이민정
펴낸이 · 김영진
펴낸곳 · 진인진
등록 · 25100-2005-000003
편집 · 김솔미
디자인 · 골무
주소 · 경기도 과천시 별양동 1-14 과천 오피스텔 614호
전화 · 02-507-3077~8
팩스 · 02-507-3079
홈페이지 · www.zininzin.co.kr
이메일 · pub@zininzin.co.kr

ⓒ진인진 2014
ISBN 978-89-6347-172-3 73900

뚜벅뚜벅 우리 역사

고구려 편

강현숙 글
이민정 그림

진인진 어린이

고구려 유물 유적이 전해 주는 이야기

고구려 하면 무엇이 떠오르나요? 주몽, 광개토왕, 광활한 대륙, 기개 넘치는 군사……. 네, 사람들은 여러 책과 드라마, 영화를 통해 고구려에 관한 이런 정보들을 익히 보아 알고 있습니다. 그런데 무려 이천여 년 전에 있었던 나라, 고구려에 관해 어떻게 알 수 있었을까요? 지금 누구도 고구려를 직접 본 적이 없고, 그때를 살았던 사람들은 이미 사라지고 없는데 말입니다. 사실 중국 북방에는 예부터 많은 종족이 살아왔지만, 오늘날 그들의 역사는 찾을 길이 없습니다. 그런데 고구려는 달랐습니다. 고구려 사람들은 자신들이 이렇게 살았노라고 여러 흔적을 남겨 놓았습니다. 중국과 북한 그리고 우리나라 중부 지방에 남아 있는 고구려 유적과 유물들, 즉 성과 집터, 무덤들과 여기서 나온 물건들이 바로 그것입니다.

후대 사람들은 그 흔적을 좇아 당시 사람들이 무슨 생각을 했고 어떻게 살았는지 밝히려 했습니다. 고려 시대 김부식이 《삼국사기》를 지은 것을 비롯해, 지금까지도 많은 학자가 고구려 유물 유적이 전하는 이야기를 찾아내려 애쓰고 있지요. 이러한 노력으로 우리는 고구려 광개토왕 대에 역사상 가장 넓은 영토를 차지했고, 고구려가 동아

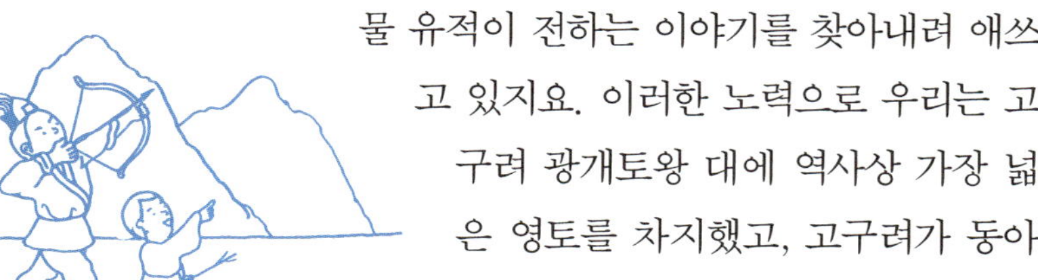

시아의 여러 나라들과 교류하였던 수준 높은 문화 대국이었음을 알 수 있게 된 것입니다.

　이 책은 많은 사람의 노력으로 밝혀진 고구려의 이야기를 하나하나 짚어 보고자 했습니다. 또한 그냥 알려 주는 데서 그치지 않고 그들의 흔적을 직접 보고 느낄 수 있도록 안내합니다. 이 이야기를 따라가다 보면 곳곳에서 지금 우리와 닮은 모습을 발견할 수도 있을 것입니다. 우리나라 대표 인기 요리인 불고기, 고려와 조선을 거쳐 지금까지도 추운 날씨를 막아 주는 난방 시스템인 온돌 같은 것들을 고구려 역사에서 볼 수 있는 것처럼 말입니다. 이 책을 다 읽고 났을 때는 고구려를 자기네 나라라고 우기는 중국에 왜 고구려가 우리 역사인지 말할 수 있게 될 겁니다.

　몇몇 유물 유적으로 고구려의 역사와 사람들의 생활 모습을 밝히려 애썼던 사람들처럼, 당시 고구려는 어떤 모습이었을지 머릿속으로 그려 가며 읽었으면 좋겠습니다. 그리고 지금 우리 생활 모습과 견주어 살펴보았으면 좋겠습니다. 그러다 보면 더 잘 먹고 잘 살기 위해 애썼던 과거 사람들의 노력이 지금 우리를 있게 했음을 느낄 수 있을 것입니다. 또한 더 잘 살 수 있는 지혜도 발견하게 될 것입니다. 그것이 바로 역사를 배우는 이유이겠지요.

2014년 봄 강현숙

5

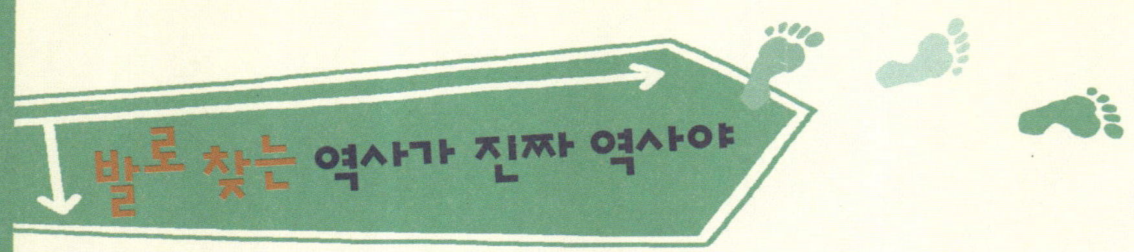

? 체험 학습을 재미있고 유익하게 하는 방법

『뚜벅뚜벅 우리 역사』는 가족이 함께 가는 체험 학습을 위해
만들었습니다.
즐겁고 유익한 체험 학습을 하려면 철저한 준비가 필요합니다.

? 체험 학습을 가기 전

1. 『뚜벅뚜벅 우리 역사』를 꼼꼼하게 읽어 보기

2. 체험 학습 가는 곳의 지도를 구하기

   지도를 구하는 방법

   체험 학습을 가고자 하는 시청이나 구청의 홈페이지에 가서 문화 관광 메뉴에
   들어가면 관광 지도(홍보물)를 신청할 수 있습니다. 지도에는 박물관이나
   유적지뿐 아니라 주변의 관광지도 소개되어 있어 유용합니다.
   예) 구리시 홈페이지 http://www.guri.go.kr 접속, 문화 관광 메뉴 선택.
   구리시 문화 관광 메뉴에서 관광 안내 지도, 관광 안내책자 다운하여 사용.

   홈페이지를 통해 지도를 구하지 못했다면?

   고속도로 휴게소의 안내소나 터미널, 역 근처에 있는 관광 안내소에 가면
   많은 자료들이 있습니다.

3. 체험 학습 가는 곳의 홈페이지 들어가 보기

   『뚜벅뚜벅 우리 역사』에 소개되지 않은 내용들이 박물관이나
   유적지의 홈페이지에 자세하게 소개되어 있습니다.

? 체험 학습을 가서

1. 문화 해설사 선생님 만나기

   박물관이나 유명한 유적지에는 문화 해설사 선생님이 있습니다.
   자원봉사자인 문화 해설사는 박물관이나 유적지에 대해 누구보다

잘 알고 있고, 재미나게 설명해 주기 때문에 현장의 가장 훌륭한
선생님입니다.
체험 학습을 가기 전 홈페이지에서 문화 해설 시간을 확인하기
바랍니다.

2. 체험 학습 프로그램을 적극 활용하기
   박물관에서는 체험 학습 프로그램을 운영하고 있습니다.
   유물 복제품을 손으로 느낄 수도 있고 때로는 좋은 결과물을
   만들 수 있습니다.
   체험 학습 프로그램은 미리 예약을 하는 경우가 있으니 미리
   확인을 해야 합니다.

3. 안내 자료 챙기기
   박물관이나 유명 유적지에서 제공되는 안내 자료는 무료일 뿐
   아니라 내용도 충실합니다.
   특히 안내 자료의 사진은 집으로 돌아와 체험 학습 일지를
   정리할 때 유용하게 활용할 수 있습니다. 박물관에서 카메라
   촬영을 할 경우 다른 관람객들에게 방해가 됩니다. 또한 실수로
   플래시를 사용하면 유물이 손상될 수 있습니다. 유물을 볼
   때에는 눈으로만 보고 사진은 안내 자료나 홈페이지에서 찾으면
   됩니다. 입장권도 잘 챙기면 좋은 추억이 될 것입니다.

❓ 돌아와서

다녀와서 보고 들은 것들을 정리하면 더욱 뜻깊은 체험 학습으로
남을 것입니다.
체험 학습을 가기 전에 읽었던 『뚜벅뚜벅 우리 역사』, 지도와
함께 박물관이나 유적지의 안내 자료, 메모한 수첩, 입장권,
곳곳에서 찍은 사진들은 소중한 자료입니다. 이것을 잘 활용해
일지를 기록하면 나만의 문화유산 답사 책이 됩니다.

더 궁금한 내용이 있으면 도서관이나 서점, 홈페이지에서 자세한
내용을 찾아보세요.

차례

눈으로 떠나는 역사 여행

뚜벅뚜벅 떠나는 역사 여행

눈으로 떠나는 역사 여행

우리 역사에서 맨 처음 국가였던 고조선이 멸망한 이후,
새로운 세력들이 힘을 키워 나라를 만들기 시작합니다.
그중 지금의 만주와 한반도 북쪽을 지배하며,
700여 년의 긴 역사를 이어 나간 나라가 바로
고구려입니다. 지금 우리는 여러 기록과 유물 유적들로
2000여 년 전 고구려에 관해 알 수 있습니다.
그 기록과 유물 유적을 통해 밝혀진 고구려,
고구려 사람들에 관해 함께 알아볼까요?

　　고구려는 기원전 37년에 건국하여 668년에 멸망하기까지 700여 년의 긴 역사를 가진 고대 국가입니다. 고구려라는 이름은 '고'와 '구려'를 합한 말로 '고(高)'는 '높다'는 뜻의 한자어이고, '구려(句麗)'는 고구려 말인 '구루'에서 유래한 말로 고을 혹은 성을 뜻합니다. 그러니까 고구려는 큰 고을, 큰 성이라는 뜻입니다.

　　맨 처음 졸본 지역에서 일어난 고구려는 강력한 군사력으

로 영토를 넓히고 정복한 땅의 여러 부족을 고구려 사람으로
받아들였습니다. 이전부터 졸본 지역에서 살던 부족과 주몽
처럼 부여에서 온 사람들, 여러 부족이 힘을 모아 나라의 토
대를 세웠습니다. 이처럼 세력을 키워 간 고구려는 압록강
일대와 만주, 한반도 북쪽을 아우르며 넓은 영토를 가진 강력
한 국가로 발전합니다.

고구려는 마치 방파제처럼 중국과 북쪽 유목 민족이 한반
도로 진출하는 것을 막았던 소중한 우리 역사입니다. 그런데
중국은 고구려 역사를 자기네 소수 민족의 역사로 끼워 넣으
려고 합니다. 고구려 땅의 일부가 오늘날 중국 땅에 포함되
어 있다는 이유였습니다. 우리는 고구려가 우리 고대 국가임
을 분명히 기억해야 합니다.

고구려는 부여에서 온 주몽이 세웠습니다. 부여는 고조선이 멸망할 무렵, 지금의 만주 지방을 지배했던 나라입니다. 주몽이 어떻게 태어났고, 왜 부여를 떠나 고구려를 세우게 되었는지에 대한 이야기가 《삼국사기》《삼국유사》 등에 실려 있습니다. 그 기록들이 전하는 여러 이야기를 따라가 볼까요?

주몽은 커다란 알을 깨고 태어났습니다. 그 알은 하백(물의 신)의 딸인 유화와 천제(하늘의 신)의 아들인 해모수 사이에서 생긴 것이었습니다. 유화는 당시에 부여 금와왕의 궁궐에서 지내고 있었습니다. 해모수가 떠나 버리고, 부모 몰래 해모수와 혼인했다는 이유로 집에서 쫓겨나기까지 한 유화를 부여의 금와왕이 받아 주었던 것입니다.

주몽은 금와왕의 궁궐에서 무럭무럭 자랐습니다. 외모가 빼어나고 활과 화살을 직접 만들어 쏘는 실력이 대단해 금와왕의 신임을 얻었습니다. '활을 잘 쏘는 사람'이라는 뜻으로 주몽이라는 이름도 붙었습니다. 금와왕의 아들들은 그런 주몽을 시기하며 해치려고 했습니다.

이 사실을 알게 된 유화는 주몽에게 부여를 떠나라고 충고했습니다. 어머니 말을 따라 주몽은 오이, 마리, 협부 세 사람과 함께 남쪽으로 도망쳤습니다.

그리고 졸본을 도읍으로 삼아 고구려를 세웠습니다.

　　이 이야기는 고구려를 세운 주몽, 즉 동명성왕이 하늘 신의 손자이며 물 신의 외손자라고 강조합니다. 주몽은 하늘의 힘과 물의 힘을 이어받은 강력한 왕이라고 말하고 있는 것입니다.

　고구려는 모든 권력이 왕에게 집중된 고대 국가였습니다. 그런데 맨 처음부터 왕의 힘이 그렇게 셌을까요?

　앞서 말했듯, 고구려는 여러 부족으로 이루어진 나라입니다. 초기에는 각 부족의 족장이 자기 부족을 다스렸습니다.

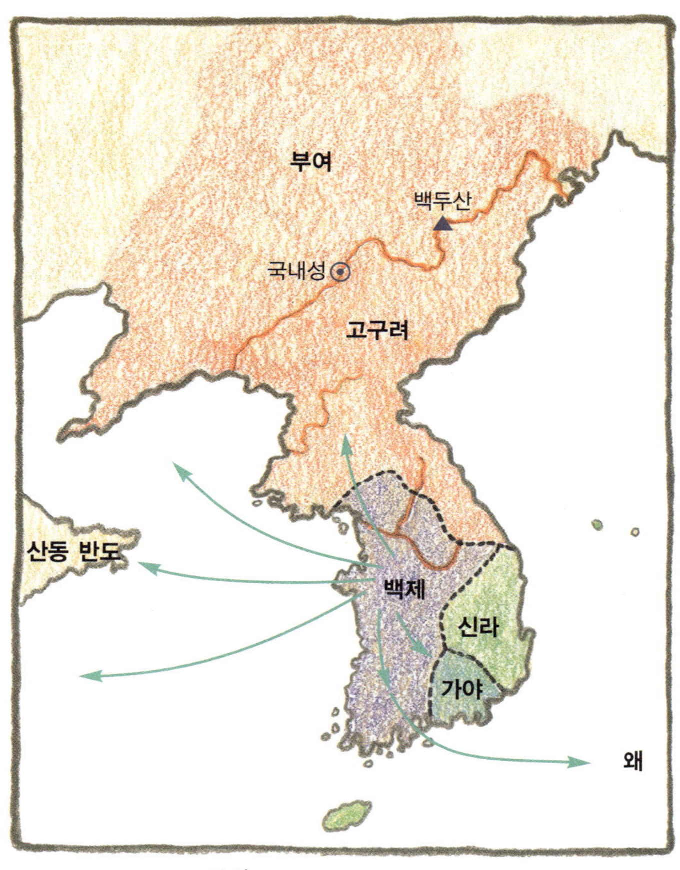

고구려의 위기와 극복 (4세기) 위로는 중국 북방 민족, 아래로는 백제의 공격으로 수난을 겪었습니다. 4세기 중반 소수림왕은 이 위기를 극복하기 위해 나라의 제도를 정비해 나갔습니다.

힘이 센 부족이 다른 부족을 흡수하여 큰 부족으로 성장하면
서 국가로 발전했습니다.

　나라의 권력이 왕에게 집중되기 시작한 것은 6대 태조왕
때부터입니다. 왕의 지휘 아래 영토를 늘려 가면서 경제적으
로 성장하게 되었고, 이를 바탕으로 왕의 힘이 점차 강해졌습
니다.

고구려의 전성기(5세기) 광개토왕과 장수왕이 영토를 확장했던 때입니다.
장수왕 때는 평양으로 수도를 옮겨서 남쪽으로 뻗어 나가려 했습니다.

17대 소수림왕은 율령(고대의 법률)을 만들고, 태학(오늘날 국립 대학)을 세우는 등 나라의 기틀을 닦기 위해 노력합니다. 백성들의 생각을 하나로 모으고 왕권을 더욱 강화하기 위해 중국에서 불교를 받아들이기도 했습니다.

이처럼 발전의 토대를 마련한 고구려는 19대 광개토왕과 20대 장수왕을 거치면서 최고의 전성기를 맞이했습니다. 다

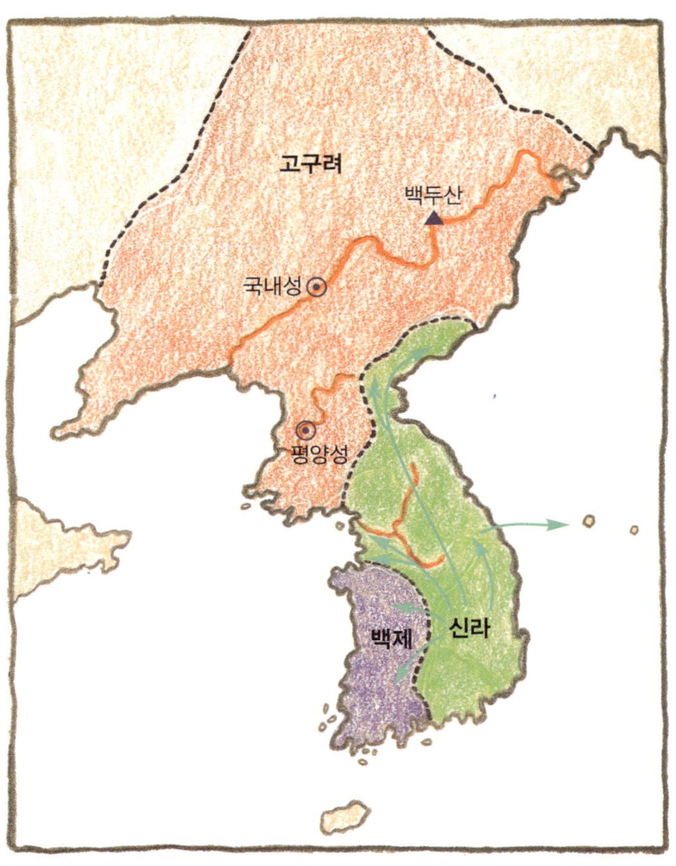

고구려의 쇠퇴(6세기) 국내 정치가 불안해지자 주변 나라들의 침략을 막아 내지 못하게 됩니다. 551년에는 한강 유역을 신라에 빼앗깁니다.

른 나라를 정복하는 데 적극적으로 힘쓰고 그 전쟁에서 승리를 거두면서 넓은 영토를 가진 강한 국가로 발전하게 된 것입니다. 고구려의 영토는 동쪽으로는 연해주, 서쪽으로는 요하, 남쪽으로는 한강과 경상북도 북부, 북쪽으로는 송화강에 이르렀습니다. 이때 고구려는 정복 전쟁의 승리에 힘입어 독자적인 세력을 가진 문화 대국으로 성장합니다. 전통문화 위에 외래의 다양한 문화를 받아들여, 중국과 구별되는 고구려만의 문화를 만들어 나갔습니다.

그러나 6세기 중엽 이후로 왕권이 약해지고 귀족들의 권력 다툼이 치열해집니다. 나라 안의 분열로 다른 나라의 침략을 막아 내지 못하는 일이 많아졌습니다. 결국 668년, 고구려는 신라와 당나라의 연합군에 멸망하고 맙니다.

고구려가 멸망한 뒤, 만주 지역에 흩어져 있던 일부 고구려 유민들은 696년에 말갈과 함께 발해를 세워 고구려의 역사를 이어갑니다.

고구려 토기(왼쪽)와 발해 토기(오른쪽) 모양과 제작 기법이 무척 비슷합니다. 발해의 문화가 고구려의 것을 이어받았음을 알 수 있습니다.

고구려는 도읍을 세 번 옮깁니다. 처음에는 졸본에 도읍을 정했다가 2대 유리왕 때 국내로 옮긴 다음, 10대 장수왕 때 평양으로 옮깁니다.

고구려는 도읍지와 지방 각지에 성을 쌓아 성을 중심으로 나라를 다스렸습니다. 고구려 도읍지에는 평지에 쌓은 평지성과 산에 쌓은 산성이 있었습니다. 왕은 보통 평지성에 있는 왕궁에 있다가 전쟁이 나면 산성으로 들어가 나라를 지켰습니다.

　역사학자들은 주몽, 그러니까 동명성왕이 졸본에 세운 방어용 산성을 지금의 중국 요령성 환인현 오녀산 위에 있는 오녀산성이라고 봅니다. 평지성은 지금의 어딘지 아직 확실하게 밝혀지지 않았습니다.

　두 번째 도읍지인 국내는 오늘날 중국 길림성 집안시입니다.

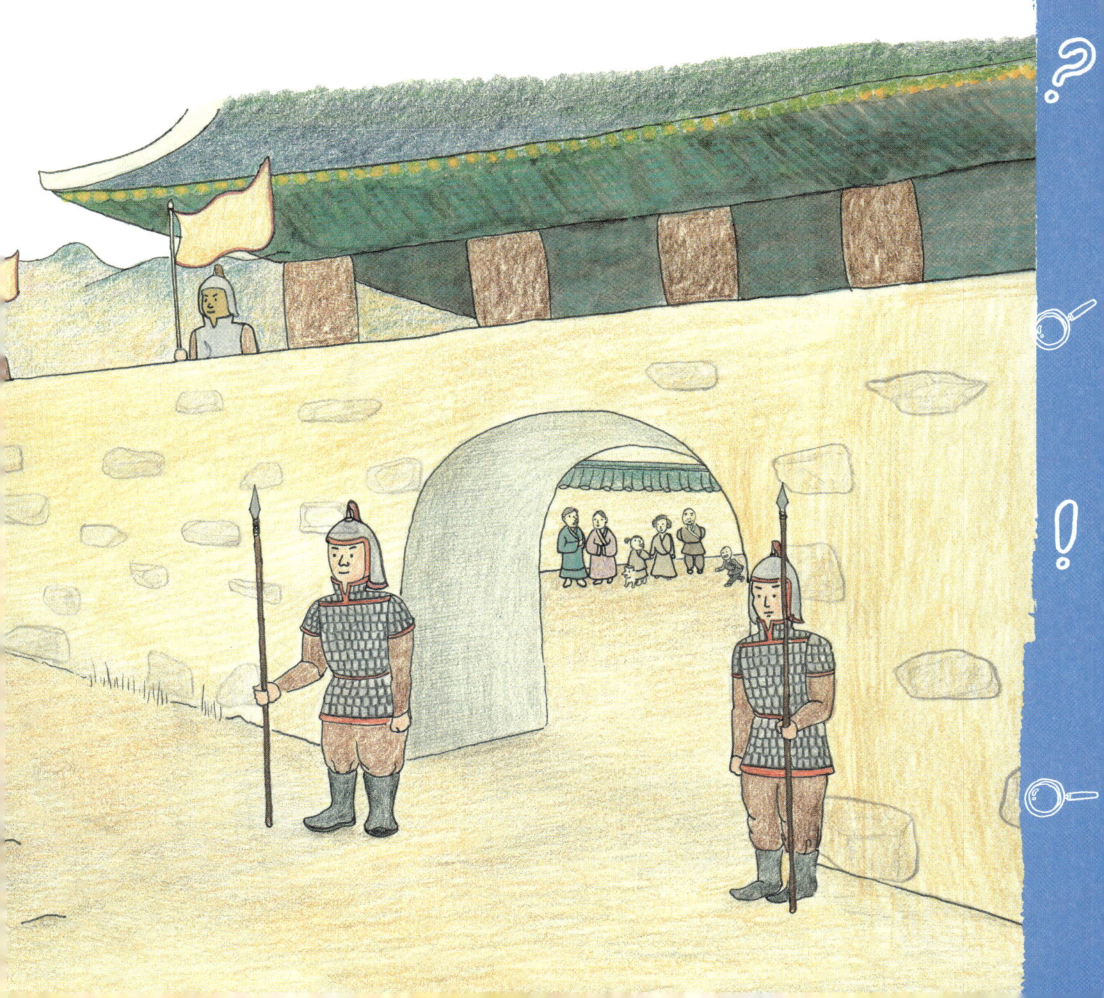

　　유리왕이 졸본에서 국내로 도읍을 옮기게 된 데에는 재미 있는 이야기가 전해 내려옵니다. 잔치에 쓰려고 잡아 놓은 돼지가 도망치자, 유리왕은 신하를 시켜 돼지를 잡아 오라고 명령합니다. 신하가 돼지를 쫓아 도착한 곳은 산이 험하고 땅이 비옥하고 들짐승과 물고기가 많았습니다. 이 이야기를 들은 유리왕은 그 다음 해에 그곳을 새 도읍으로 삼았다고 합니다. 그곳이 바로 국내입니다.

　　국내에도 졸본에서처럼 평지성과 산성을 쌓았는데, 각각 지금의 국내성과 환도산성으로 봅니다.

　　세 번째 도읍지는 국내의 남쪽에 위치한 평양입니다. 장수왕은 '남하 정책'을 추진하면서 농사를 지을 수 있는 땅이 넓고, 서해안으로 통하는 대동강을 낀 평양을 도읍으로 정했습니다. 평양으로 도읍을 옮기는 일은 국내에 기반을 둔 귀족

국내성 성터 국내성은 약 400년 동안 고구려를 지킨 두 번째 도성이었습니다.

들의 힘을 약화시키고, 왕권을 강화할 목적도 있었습니다.

　장수왕 때 지은 왕궁은 안학궁, 산성은 대성산성입니다. 그런데 평양의 도성은 156년 뒤 새로운 성으로 바뀝니다. 24대 양원왕 때 평양에 새로 성을 지어 25대 평원왕 때 왕궁을 비롯한 주요 기관들을 그 성으로 옮긴 것입니다. 이 성은 평양성 또는 장안성이라고 불립니다.

　평양성은 이전 도성처럼 평지성과 산성을 따로 짓지 않았습니다. 평지와 산의 능선을 이용해 커다란 성을 쌓아 많은 사람이 살 수 있으면서 적으로부터 방어하는 데 유리하도록 했습니다.

평양성(장안성) **북문** 평양성은 이전 도성과는 달리 왕과 귀족뿐 아니라 평민들도 다 같이 살 수 있도록 넓게 지었습니다. 내성, 중성, 외성, 북성으로 이루어졌습니다.

고구려의 강력한 군사력

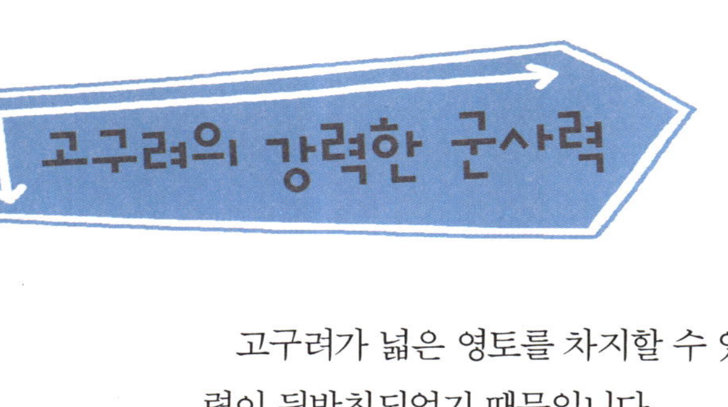

고구려가 넓은 영토를 차지할 수 있었던 것은 강력한 군사력이 뒷받침되었기 때문입니다.

고구려 군대의 막강함은 철로 온몸을 두른 기마 병사가 그려 있는 고분 벽화, 철로 만든 무기와 마구 등의 유물로 짐작할 수 있습니다. 철로 된 투구와 갑옷으로 무장을 하고, 철갑옷을 입은 말을 탄 채, 칼이나 창을 휘두르는 철갑 기병은 오늘날 군대의 특전사와 비슷했습니다.

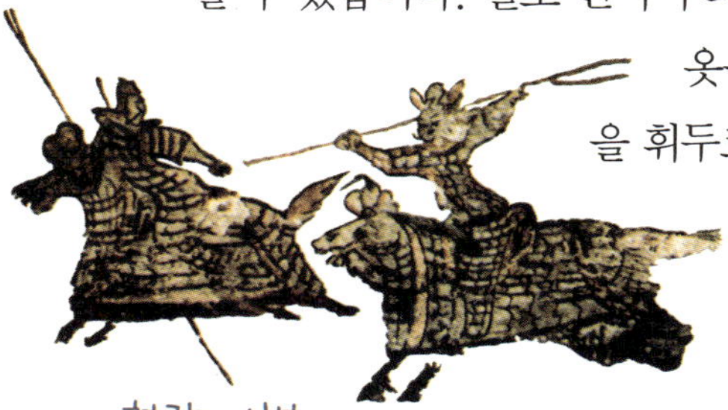

철갑 기병

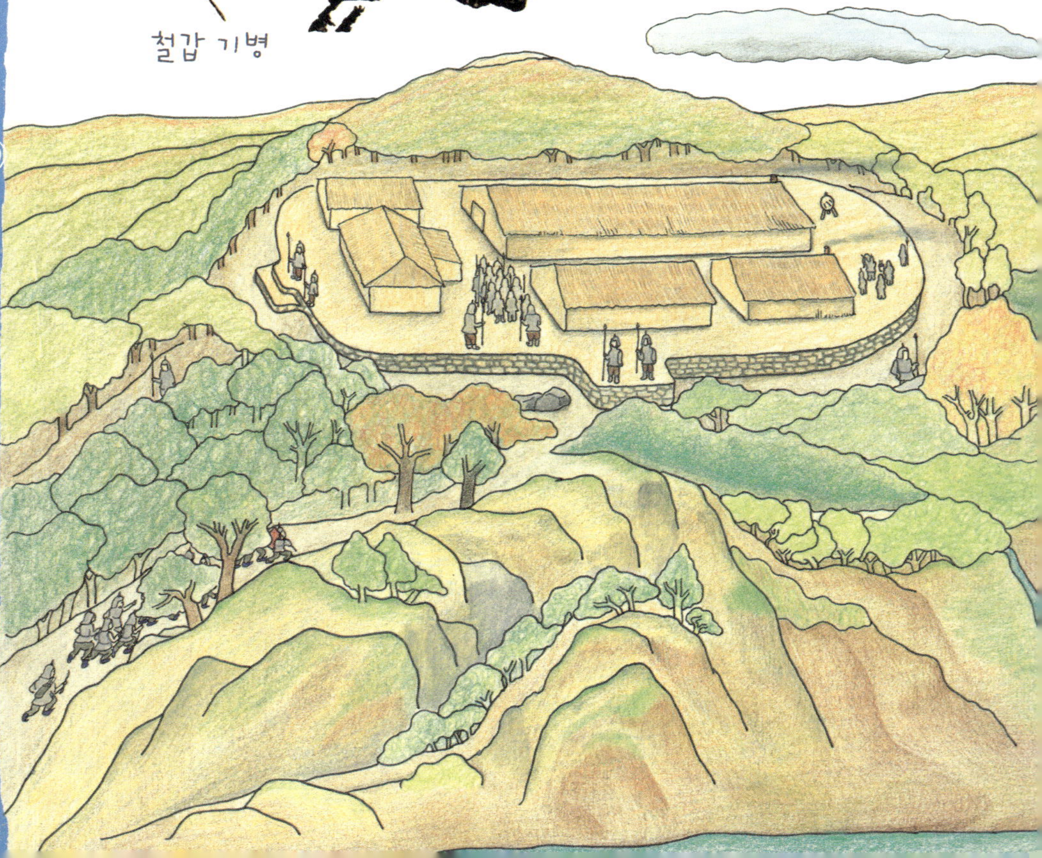

　　고구려의 군사력에는 각 지방마다 쌓은 산성들 또한 중요한 몫을 하였습니다. 고구려 산성은 산의 비탈진 능선을 따라 쌓아서 적이 공격하기에는 어렵고 적을 방어하기에는 유리하게 했습니다. 또한 잘 다듬은 돌을 톱니처럼 맞물리게 쌓아 무척 튼튼했습니다. 산성에 접근하는 적들을 잘 살필 수 있도록 성벽 일부분을 돌출시킨 ‘치’를 만들기도 했습니다.

　　막대한 군사력으로 고구려를 침입했던 중국 수나라의 장수들은 “고구려는 성을 잘 지키기 때문에 쉽게 항복시킬 수 없었다.”라고 하였고, 고구려를 멸망시킨 당나라의 관리들도 “고구려는 산을 의지하여 성을 만들었기 때문에 쉽게 함락시킬 수 없다.”라고 하였습니다. 이는 고구려가 단단한 성을 쌓아 나라를 굳건하게 지켰음을 잘 보여 줍니다.

고구려의 산성

고분 벽화로 엿보는 고구려 사람들

고구려 초기에는 사람이 죽으면 땅에 돌을 깔고, 그 위에 시신을 놓은 다음 돌을 쌓아 올려 매장하였습니다. 이러한 무덤을 '돌무지무덤(적석총)'이라고 부릅니다.

4세기에 들어서면서 고구려의 무덤에 새로운 변화가 일어납니다. 돌로 방을 만들어 시신을 두고 그 위에 흙을 덮어 매장한 것입니다. 이를 돌방 흙무덤(봉토분)이라고 합니다.

4, 5세기에는 돌방 흙무덤을 비롯해 돌방 위에 돌을 쌓아 올린 돌방 돌무지무덤 등 여러 형태의 무덤이 있었습니다.

사람들은 돌로 만든 방 안에 그림을 그려 넣었습니다. 벽

돌무지무덤 고구려 도읍이었던 국내(지금의 중국 길림성 집안시)에 위치한 장군총입니다. 고구려 돌무지무덤을 대표하는 무덤으로 돌이 피라미드 식으로 쌓여 있습니다.

에는 무덤 주인이 나랏일을 보는 장면, 사냥하는 장면, 식사하는 장면, 놀이하는 장면 등 여러 생활 모습을 그렸습니다. 또한 천장에는 해와 달, 별, 구름, 그리고 신비로운 동물이 담긴 하늘 세계를 그렸습니다. 죽은 사람이 현실 생활을 계속하기를 바라는 마음에서 비롯한 그림이었습니다. 이런 벽화를 생활 풍속도 벽화라고 부릅니다.

그런데 6세기가 되면서 고분 벽화의 내용이 조금 달라집니다. 생활 풍속도 대신 죽은 사람을 보호하는 사신을 그린 것입니다. 사신은 청룡, 백호, 주작, 현무로 각각 동, 서, 남, 북 네 방향을 지키는 수호신입니다.

고구려 사람들이 무덤 속에 남긴 그림은 우리에게 고구려 사람들의 여러 생활 모습을 보여 줍니다. 자, 이제부터 그 이야기를 하나하나 펼쳐 볼까요?

고구려 고분 벽화 북한 남포특별시에 위치한 '덕흥리 벽화 무덤'의 내부 투시도입니다. 벽면에는 무덤 주인의 생활 모습이 담겨 있는데, 특히 활쏘기 장면이 생생하고 재미있게 묘사되어 있습니다.

고구려 사람들의 집

귀족들의 집은 커다랗고 화려한 기와집이었습니다. 부엌과 고기 창고, 방앗간, 다락 창고, 외양간, 마구간, 수레나 가마 넣는 곳 등이 따로 있을 정도였습니다. 넓은 뜰 가운데 연못을 만들고, 연못 주위에 나무를 심어 정원을 가꾸기도 했습니다. 귀족들은 오늘날 커튼과 비슷한 화려한 휘장이 드리운 방에서 침상을 두고 생활했습니다.

일반 백성들의 집은 고분 벽화에 그려 있지 않아 그 모습을 제대로 알 수 없습니다. 지붕에 기와를 얹으려면 많은 비

용이 들기 때문에 일반 백성들은 기와집에서 살지 못했을 거라 추측할 뿐입니다.

　고구려 집에는 특별한 점이 있었습니다. 추운 날씨를 견디려고 '온돌'이라는 난방 장치를 사용한 것입니다. 온돌은 방바닥에 돌을 깔고 그 돌을 달구어 집을 따뜻이 하는 장치입니다. 이 돌을 '구들'이라고 부릅니다. 고구려 때는 방의 일부에만 구들을 깔아 난방을 했기 때문에 '쪽구들'이라고 부릅니다.

고구려 사람들의 옷차림

남자와 여자 모두 저고리와 바지를 기본으로 입었습니다.
고구려의 저고리와 바지는 추운 자연환경을 고려해 차가운
바람이 옷 안으로 들어오지 못하도록 만들어졌습니다. 저고
리는 엉덩이까지 내려오게 하고, 바지는 끝을 오므리게 만들
어 보온성을 높인 것입니다.

저고리와 바지 위에 덧입는 치마와 두루마기도 있었습니
다. 치마는 주로 여자들이 입었으며 그 종류에는 주름치마와
색동치마가 있었습니다. 두루마기는 저고리와 치마를 합친
모양으로 겉옷으로 걸쳤습니다.

고구려 시녀의 옷
소매가 짧고 좁으며, 치마가 짧아
발등이 훤히 보입니다.
무용총 고분 벽화입니다.

두루마기를 입은 귀족 여자
소매가 넓은 두루마기 밑으로 주름치마
밑단이 보입니다. 삼실총 고분 벽화입니다.

옷의 모양새는 신분에 따라 달랐습니다. 귀족들의 옷은 일반 백성들의 것보다 소매 길이가 길고 바지통이 넓었습니다. 또한 옷감의 무늬와 색감이 화려했습니다.

고구려 사람들은 모자를 즐겨 썼습니다. 모자의 모양은 신분에 따라 달랐습니다. 귀족 남자들은 깃털이나 금으로 장식한 모자를 썼는데, 꽂힌 깃털의 개수가 많을수록 높은 지위를 나타냈습니다.

주름치마를 입은 고구려 귀족 여자
허리 아래로 내려오는 저고리에
주름치마를 입었습니다.
쌍영총 고분 벽화입니다.

고구려 귀족 남자의 옷
소매가 넓은 저고리와 통이 넓은
바지를 입었습니다.
무용총 고분 벽화입니다.

고구려 사람들의 식생활

고구려 사람들은 주로 조, 밀, 보리, 수수, 기장, 콩 등 밭작
물로 밥을 지어 먹었습니다. 지금 우리가 주로 먹는 쌀을 먹
지는 않았을까요? 고구려 유적지인 연천 호로고루나 아차산
보루에서 많은 양의 벼가 나온 것으로 보아 쌀밥을 먹기도 했
음을 짐작할 수 있습니다.

밥을 짓는 데는 흙으로 빚은 시루나 철로 만든 솥을 썼습
니다. 곡물로 밥만 지어 먹은 것은 아닙니다. 오늘날의 떡처

고구려 부엌 한 사람은 시루 앞에서 음식을 만들고 있고, 그 아래쪽에서
다른 한 사람이 아궁이에 불을 지피고 있습니다. 오른쪽에 고기가 걸려 있는
창고가 보입니다. 안악 3호분 고분 벽화입니다.

럼 절구나 디딜방아에 곡물을 빻아 가루 내어 쪄 먹기도 했습니다.

그럼 육류로는 무엇을 먹었을까요? 고구려 사람들은 소, 돼지, 닭, 개 등을 집에서 길러 잡아먹거나 멧돼지, 노루, 꿩 등을 사냥해서 먹었습니다. 오늘날 불고기처럼 고기를 간장에 재워 불에 구운 '맥적'을 즐겨 먹기도 했습니다.

귀족들은 부엌에서 조리한 음식을 안채로 옮겨 와 식탁에 놓고 먹었습니다. 한 식탁에 여러 사람이 둘러앉아 밥을 먹지 않고 사람마다 따로 식탁을 차렸습니다. 음식을 먹을 때는 국자처럼 생긴 숟가락과 옻칠을 한 젓가락을 썼습니다.

고구려 귀족의 밥상 주인이 손님인 스님을 접대하고 있습니다. 두 사람이 의자에 앉아 있고 그들 앞에 놓인 식탁에 떡, 과일, 차 등이 올려 있습니다. 무용총 고분 벽화입니다.

고구려 사람들의 교통수단

차도 기차도 없던 고구려 시대에 사람들은 무엇을 타고 이동했을까요?

고구려 고분 벽화 속 귀족들이 행차하는 장면에는 수레가 자주 등장합니다. 말을 타고 움직이는 귀족 남자들도 보입니다. 이처럼 귀족들은 주로 수레나 말을 타고 다녔습니다. 아마 백성들은 대부분 걸어서 다녔을 것입니다.

수레는 소나 말이 끌었으며 여자용 수레, 짐 수레 등 종류가 여럿이었습니다. 여자용 수레에는 햇볕을 가릴 수 있는 차양이 달려 있었

말 탄 남자

고구려의 수레 건장한 소가 큼지막한 바퀴가 달린 수레를 끌고 있습니다. 차양이 있는 것으로 보아 여자용 수레입니다. 쌍영총 고분 벽화입니다.

습니다. 짐수레는 물건을 운반할 때 쓰였습니다. 지방에서
걷은 세금을 옮기거나 다른 나라와 교역을 할 때 짐수레를 이
용했습니다.

　이처럼 수레를 활발하게 사용할 수 있었던 것은 수레가 다
니기 좋도록 도로를 잘 닦아 놓았기 때문입니다. 수레가 충
분히 지나다닐 만큼 도로의 폭을 넓게 만들었으며, 하천에 다
리를 놓아 물길을 건널 수 있도록 했습니다.

　고구려 사람들은 수레 만드는 기술이 뛰어났습니다. 나날
이 기술을 발전시켜 쇠로 테두리를 두른 철제 바퀴를 만들어
내기까지 했습니다. 고분 벽화에 수레바퀴를 만드는 신인 제
륜신이 그려 있는 것을 보면 고구려 사람들이 수레 만드는 기
술을 얼마나 중요하게 여겼는지 알 수 있습니다.

고구려 수레바퀴신 바퀴의 살을 쥐고 바퀴 테를 내리치려 하는
수레바퀴 신의 모습입니다. 오회분 4호묘의 고분 벽화입니다.

고구려 사람들의 놀이

고구려에서 가장 크고 풍성한 놀이판이 벌어지는 날은 '동맹'입니다. 동맹은 매년 10월 하늘에 제사를 지내는 날로, 종교 행사이기도 했지만 축제의 장이기도 했습니다. 이 날이 되면 고구려 사람들은 남녀노소 구분 없이 춤추고 노래하며 축제를 만끽했습니다. 씨름이나 사냥을 하면서 서로 힘을 겨루었는가 하면, 오늘날 서커스와 비슷한 여러 가지 기예를 즐겼습니다. 바퀴나 공을 높이 던져 받기, 긴 막대 위에 올라가 걷기, 칼을 던져 내려 받기 등 기예의 종류는 다양했습니다.

씨름도 웃옷을 벗은 두 남자가 상대방의 허리를 잡고 어깨를 맞댄 채 힘을 쓰고 있습니다. 그 옆에는 심판 보는 사람이 보입니다. 각저총 고분 벽화입니다.

고구려 사람들은 춤추고 노래하는 것을 무척 좋아했습니다. 중국 기록인《삼국지》의〈고구려조〉에 "고구려 사람들은 가무를 즐겨 밤에는 부락마다 남녀들이 떼를 지어 노래하며 춤추더라." 하는 기록이 남아 있습니다.

고구려 사람들의 춤과 노래에는 악기 연주가 어우러졌습니다. 고구려 악기는 서른여덟 종류나 됩니다. 그중 대표적인 것은 지금까지도 전해지는 거문고로, 고구려 왕산악이 중국 악기를 본떠 만든 악기입니다. 그 밖에도 비파처럼 생긴 완함이나 뿔나팔, 피리, 북, 종, 징 등이 있었습니다.

고구려 무용수들 무용수들이 같은 동작으로 춤을 추고 있습니다. 맨 앞에 모자를 쓴 사람이 춤을 이끄는 '도창'입니다. 무용총의 고분 벽화입니다.

고구려 사람들의 종교

고구려 초기에는 원시 신앙이 지배적이었습니다. 자연물을 숭배하고, 상상 속의 동물과 신선들에게 복을 기원했으며, 조상신을 섬겼습니다. 나라에서는 고구려를 건국한 동명성왕(주몽)을 건국 신으로 받들어 일 년에 네 번 제사를 올렸습니다.

고구려는 372년, 소수림왕 때 불교를 받아들였습니다. 중국 전진의 왕 부견이 승려 순도를 통해 고구려에 불상과 불경을 보내온 것이 계기가 되었습니다. 소수림왕은 다양한 원시 신앙을 가지고 있던 백성들의 생각을 하나로 모으고, 왕권을 강화하기 위해 불교를 공식적으로 받아들였습니다. 그런데 고구려에서는 중국과 교류하면서 372년 전에 이미 불교에 대해서 알고 있었을 겁니다. 357년에 만들어진 안악 3호분 벽화 천장 막음돌에 연꽃이 그려져 있는 것으로 이를 짐작할 수 있습니다. 이후 고구려의 불교는 왕실의 적극적인 지원을 받으면서 빠른 속도로 발전했습니다.

삼족오 고구려의 원시 신앙을 보여주는 상징물로, 태양 속에 살면서 신과 인간 세계를 연결해 주는 상상의 동물입니다. 오회분 4호묘 고분 벽화의 천장에 그려 있습니다.

그리고 624년 영류왕 때는 도교를 받아들였습니다. 도교는 인간이 영원히 죽지 않고 신선처럼 살 수 있다는 믿음을 가진 종교입니다.

고구려 사람들이 도교를 믿었다는 사실은 무덤 벽화에 반영되었습니다. 무덤에 사신을 그려 넣어 죽은 사람이 편히 쉴 수 있도록 지켜 주려 한 것입니다.

예불도 가운데에 부처가 있고 그 왼쪽으로 두 사람이 불공을 드리고 있습니다. 주변에는 연꽃 봉우리가 그려 있습니다. 장천 1호분 고분 벽화로, 지금까지 발견된 고구려 무덤 벽화 가운데 유일하게 부처가 그려 있습니다.

사신도 왼쪽 위부터 시계 방향으로 각각 청룡, 백호, 주작, 현무입니다. 강서대묘에 있는 고분 벽화입니다.

뚜벅뚜벅 떠나는 역사 여행

백 번 읽는 것이 한 번 보는 것만 못하다는 말이
있습니다. 고구려에 관해 꼭 알아야 할 것들을
살펴보았으니 이제 직접 찾아가 보는 게 어떨까요?
여기 소개한 곳들은 고구려를 잘 이해하기 위해
꼭 가 볼 만한 유적지입니다.

국립중앙박물관

고구려 사람들이 남긴 다양한 유물을 만날 수 있는 곳

　국립중앙박물관 1층에 있는 고구려실에서 여러 고구려 유물을 만날 수 있습니다.

　고구려실에 들어서자마자 오른쪽에 금으로 된 장식품들이 눈에 띕니다. 고구려가 왕이 중심이 되는 고대 국가로서 우뚝 섰음을 보여 주는 화려한 유물들로, 불꽃무늬 금장식이 무척 아름다운 불꽃무늬 투조 금동관, 금이나 금동으로 만든 굵은고리 귀걸이와 가는고리 귀걸이 등이 전시되어 있습니다. 고구려 사람들의 귀걸이는 신라의 귀걸이에 견주어 장식이 간소합니다. 고구려의 귀걸이를 그려 두었다가 백제실과 신라실에 갔을 때 백제와 신라의 귀걸이와 비교해 보세요.

　또한 남한 땅에서 발굴된 고구려 유물들을 만날 수 있습니다. 이는 고구려가 한강 아래 지역으로 영향력을 끼쳤음을 알게 합니다. 대표적인 것으로 글자가 적힌 청동 그릇이 있습니다. 이 그릇은 고구려에서 광개토왕을 기념하기 위해 만든 것으로 그릇 바닥에 광개토왕을 기념하기 위해 만들었다고 쓰여 있습니다.

　일반 사람들의 생활을 엿볼 수 있는 전시물도 있습니다. 철로 된 부뚜막은 고구려 사람들이 어떻게 음식을 요리하고 난방을 했는지 그려 볼 수 있게 합니다.

　전시실 중앙에는 특이한 신발이 전시되어 있습니다. '금동신발'로 신발 바닥에 금동으로 된 못이 박혀 있습니다. 불편하게만 보이는 이 신발을 고구려 사람들은 왜 신었을까요? 직접 안내문을 읽어 보고 알아보세요.

전시실 한쪽에는 커다란 그림이 네 점 걸려 있습니다. 이는 강서대묘 벽화에 그려진 사신도를 모사한 그림입니다. 사신도는 동, 서, 남, 북을 지키는 수호신인 청룡, 백호, 주작, 현무를 그린 것입니다. 하나하나 뜯어보며 각 수호신이 어떤 동물을 닮았는지 살펴보세요.

전시물을 다 관람하고 난 뒤, 고구려 고분과 고분 벽화에 관해 더 알고 싶다면 영상실에서 상영하는 비디오를 보기 바랍니다.

고구려실에 있는 유물 외에 만나 보면 좋을 고구려 유물이 있습니다. 3층 조각 공예관 불교 조각실에 있는 연가칠년명금동여래입상입니다. 국보 제119호로 옛 신라 땅인 경상남도 의령에서 발견된 고구려 불상입니다. 어째서 고구려 불상이 신라 땅에서 발견되었을까요? 불상 뒷면에 그 이유가 쓰여 있습니다. 안내 글을 통해 알아보세요.

연가칠년명금동여래입상

국립중앙박물관

서울시 용산구 서빙고로 135

홈페이지 http://www.museum.go.kr

전시 해설 모이는 곳 : 1층 구석기실 입구
해설 시간 : 10:30, 11:30, 13:30, 14:30, 15:30

관람 시간 화·목·금 : 09:00~18:00   수·토 : 09:00~21:00   일요일, 공휴일 : 09:00~19:00
관람권은 관람 시간 1시간 전까지 발행

휴관일 1월 1일, 매주 월요일(월요일이 공휴일일 때에는 공휴일 다음의 첫 번째 평일)

요금 무료(특별, 기획 전시 제외)

금동신발

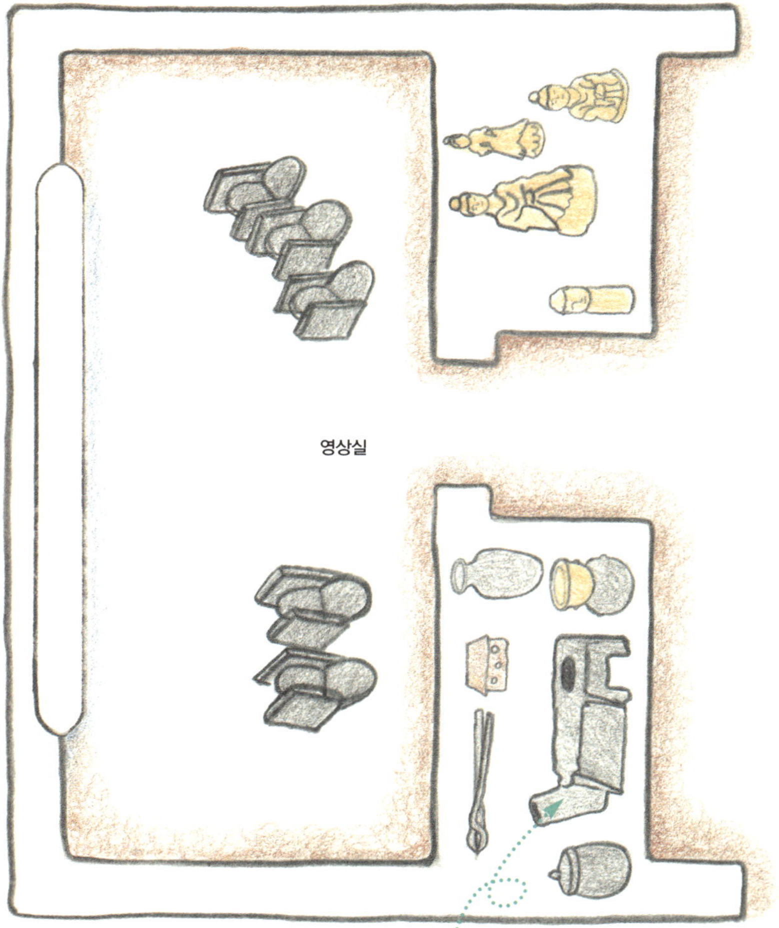

영상실

부뚜막

호우, 글자가 있는 청동 그릇
사신도
불꽃무늬
투조 금동관
금귀걸이

고구려 사람들의 생활 모습을 그려 볼 수 있는 곳

고구려 대장간 마을

고구려 유적지는 대부분 우리나라가 아닌 중국과 북한에 있습니다. 그래서 실제 고구려의 유적과 유물들을 만나기 어렵습니다. 경기도 구리시는 고구려 성의 흔적이 남아 있는 아차산 근처에 고구려 마을을 재현해 놓았습니다. 이것이 바로 고구려 대장간 마을입니다. 여기에서는 몇몇 유물들만 가지고 상상하기 어려웠던 고구려 사람들의 생활 모습을 구체적으로 그려 볼 수 있습니다.

입구 매표소가 있는 건물에는 아차산 유적 전시관이 있습니다. 아차산에서 발굴된 유물을 그대로 모방해 만들어 전시해 두었고, 고구려에 관한 여러 정보들을 소개합니다. 여기에서 미리 정보를 익힌 뒤 마을을 둘러보세요.

마을로 들어서면 마을을 지키기 위해 지어진 망루, 철제 무기를 만들던 대장간, 귀족과 백성이 살던 집 등을 살펴볼 수 있습니다. 또한 광개토대왕비를 실제와 비슷하게 만든 모형물이 있어 사진으로만 보았던 광개토대왕비의 위엄을 느낄 수 있습니다. 야외 학습장에서는 투호나 제기차기, 링 던지기 같은 민속놀이를 즐길 수 있고, 야외 공연장에서는 고구려 무용 공연을 관람하거나 전통문화 체험 학습 프로그램에 참여할 수 있습니다.

대장간 마을은 아차산 4보루에서 나온 유물들을 조사한 결과를 토대로 지어졌습니다. 아차산 4보루는 무엇이고 어떤 모양새일까요? 대장간 마을을 다 본 뒤 근처에 있는 아차산 4보루에 올라 보세요.

아차산 4보루

아차산은 높은 봉우리를 이루고 있습니다. 봉우리 꼭대기에서 내려다보면 주변 길목이 훤히 눈에 들어옵니다. 그러니 적을 감시하고 방어하는 데 아주 유리했습니다.

삼국 시대 때부터 사람들은 봉우리마다 보루를 쌓아 군사 시설로 이용했습니다. 보루는 산성보다 작은 규모의 요새입니다. 아차산에는 20여 개의 보루가 있었던 것으로 추정되는데, 대부분은 고구려의 것으로 밝혀졌습니다. 그중 4보루에서 무기와 토기를 비롯한 고구려 유물이 여럿 발굴되면서 고구려 군사 시설의 모습을 밝힐 수 있게 되었습니다. 발굴 작업이 끝난 현재, 4보루는 옛 모습과 가깝게 복원되어 있습니다.

대장간 마을 주차장 쪽 등산로를 따라 4보루로 올라 보세요. 올라가는 길에는 2, 3보루가 있던 곳이 표시되어 있어 보루와 보루 사이의 거리를 가늠해 볼 수 있습니다.

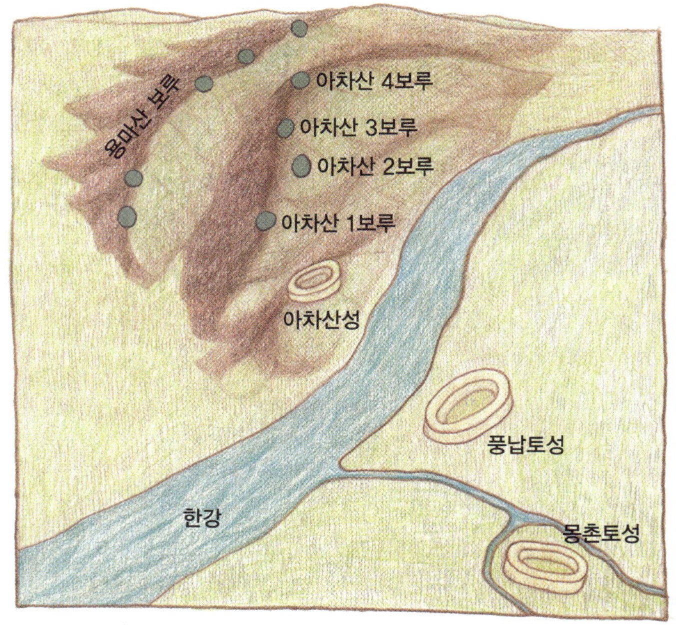

아차산 주변 여러 보루

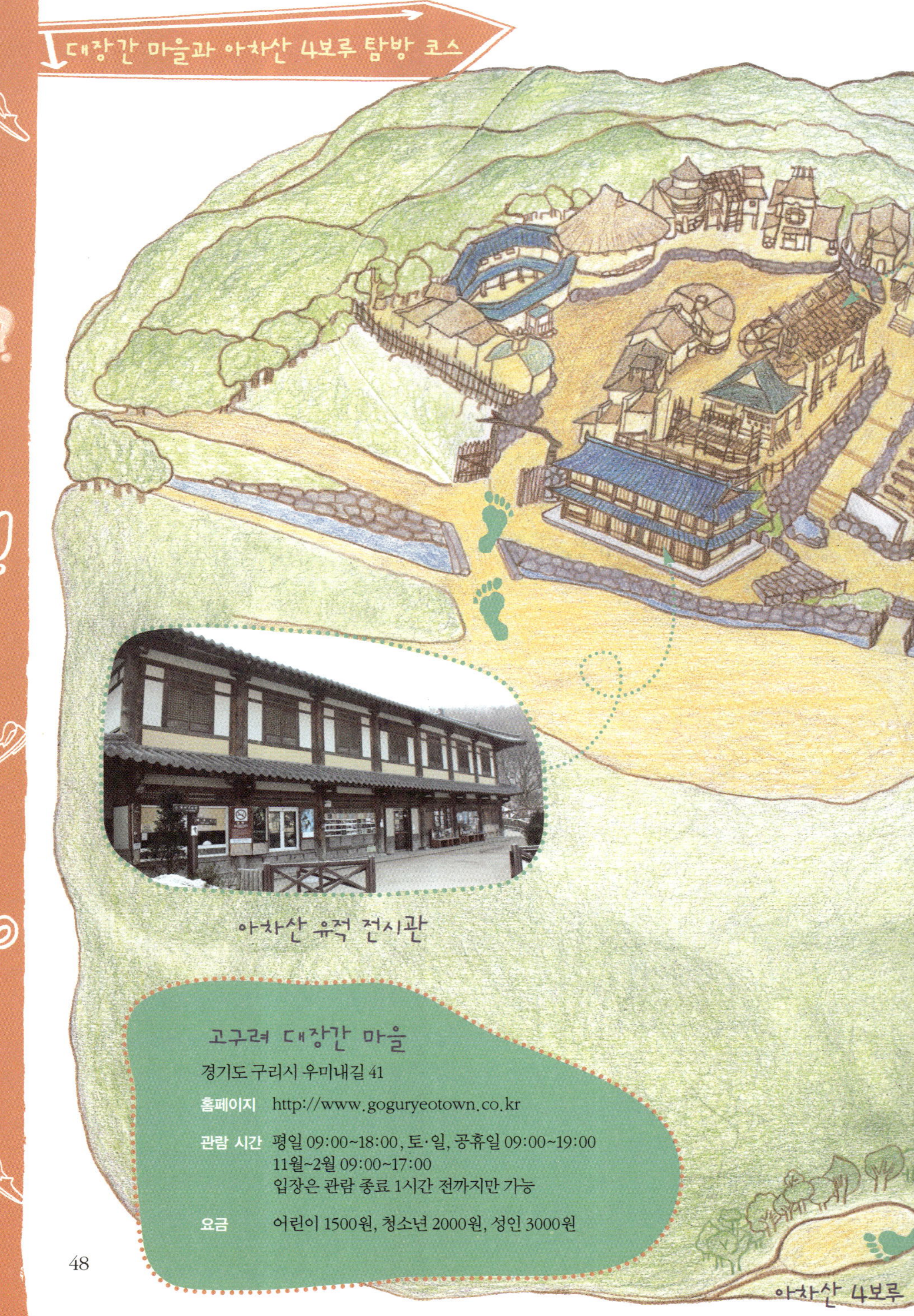
아차산 유적 전시관

고구려 대장간 마을
경기도 구리시 우미내길 41
홈페이지   http://www.goguryeotown.co.kr
관람 시간   평일 09:00~18:00, 토·일, 공휴일 09:00~19:00
            11월~2월 09:00~17:00
            입장은 관람 종료 1시간 전까지만 가능
요금   어린이 1500원, 청소년 2000원, 성인 3000원

아차산 4보루

대장간
광개토대왕비
대성암
아차산 2보루
아차산 3보루

서울대학교박물관

서울대학교 안에 위치한 박물관으로 고고역사실에 고구려 유물들이 전시되어 있습니다. 이 박물관의 특징은 직접 발굴하고 조사한 한강 유역의 고구려 유물들을 만날 수 있다는 점입니다. 나팔입항아리와 시루를 비롯한 토기, 투구와 도끼를 비롯한 무기 등 다양한 유물을 통해 한강 유역을 차지했던 고구려 전성기 때의 모습을 그려 보세요.

전시실 밖에는 고구려 군사 요새를 본떠 만든 모형이 두 점 전시되어 있습니다.

서울시 관악구 관악로 1
홈페이지 : http://museum.snu.ac.kr
전시 해설 : 방문 일주일 전까지 전화 예약으로 신청
          (02-880-8094)
관람 시간 : 월~토요일 10:00~17:00
          (폐관 30분 전에 입실)
휴관일 : 일요일, 국정공휴일, 개교기념일(10월 15일)
요금 : 무료

시루

긴 항아리

오절판

충주 고구려비

남한에 유일하게 남아 있는 고구려 비석으로, 충북 충주시에 있습니다.

원래 충주 고구려비는 마을 입구에 서 있는 평범한 비석으로만 알았다고 합니다. 그러다가 1974년 조사 연구를 통해 고구려 비석이라는 사실이 밝혀졌습니다. 고구려가 신라 땅이었던 충주까지 진출했음을 보이려 세운 것이었습니다. 그동안에는 충주의 옛 이름을 따서 중원 고구려비라고 불렸습니다.

비석에 쓰인 글자를 풀이한 안내문을 읽고 당시에 고구려와 신라가 어떤 관계였는지 알아보세요.

충주 고구려비

연천 호로고루

호로고루는 경기도 연천군 임진강 북쪽에 있었던 고구려의 성입니다. 지금은 그 흔적이 대부분 사라지고 없지만, 발굴 조사를 통해 확인된 내용이 설명돼 있어 호로고루의 위엄을 느껴 볼 수 있습니다. 일부 남아 있는 성벽, 물을 모아 두었던 시설의 터, 우물이 있던 터, 건물이 있던 터 등을 확인할 수 있습니다.

호로고루는 평양성에서 백제의 한성으로 가는 가장 짧은 코스 가운데 있어 군사상 요충지였습니다. 북쪽으로 밀리지 않기 위해 이 성을 단단히 지키려 애썼을 고구려 군사들을 떠올리며 둘러보세요.

호로고루 발굴 전경

통일이 되면 가고픈 유적

동명왕릉과 정릉사

동명왕릉은 동명성왕 또는 추모왕이라고 불리는 고구려 시조의 무덤으로, 평양시에 있습니다. 유네스코 세계 문화유산으로 지정된 고구려 대표 무덤입니다. 여기 주변에는 무덤이 여럿 있습니다. 발굴 당시에는 지명을 따서 이 무덤들을 진파리 고분군이라고 불렀습니다. 그중 진파리 10호분을 동명왕릉으로 보아서 새로 복원해 놓았습니다.

새로 복원한 동명왕릉

정릉사는 동명왕릉 앞에 있는 절로 절터에서 '능사(능을 지키기 위해 근처에 세운 절)'라고 새긴 그릇 조각이 나와 동명왕릉을 지키는 사찰로 봅니다.

강서대묘

남포시에는 고구려 무덤이 삼각형 모양으로 셋 있는데 이를 강서삼묘라고 합니다. 그중 남쪽에 자리한 가장 큰 무덤이 강서대묘입니다. 이 무덤은 고구려의 도교 사상을 보여 주는 사신도가 그려 있는 것으로 유명합니다. 사신도는 사실적이고도 운동감 넘치는 표현으로 동아시아 고분 벽화의 백미로 꼽힙니다.

강서대묘

언젠가 찾아가고 싶은 유적

광개토왕비

중국 길림성 집안시에 있는 광개토왕비는 414년에 장수왕이 아버지 광개토왕의 업적을 기념하기 위하여 세운 것입니다.

비석에는 고구려의 역사와 광개토왕의 업적이 새겨 있습니다. 훼손되어 알아보기 어려운 내용도 있는데, 그 때문에 우리나라와 일본 학자들 사이에서 논란이 불거졌습니다. 일부 일본 학자들이 신묘년(395년) 기사를 왜가 바다를 건너와서 백제와 신라 등을 깨고 신민으로 삼았다고 해석했기 때문입니다.

광개토왕비는 사료가 부족한 한국 고대사뿐 아니라 고구려와 중국, 일본의 관계를 밝힐 중요한 기록입니다.

태왕릉

중국 길림성 집안시에 있는 거대한 돌무지무덤으로 4세기 말에서 5세기 초에 쌓은 무덤입니다. 이 무덤에서 나온 벽돌에 '태왕릉이 산악과 같이 안정되고 굳건하기를 원한다.'라는 글이 있어서 태왕릉이라고 부르게 되었습니다. 여기에서 300미터 거리에 광개토왕비가 있어 광개토왕릉으로 보기도 합니다.

장군총

장군총은 중국 길림성 집안시에 있는 거대한 돌무지무덤입니다. 이 무덤이 있는 토구자산 아래에 광개토왕릉비가 있습니다. 일찍이 도굴을 당한 듯 그 어떤 유물도 남아 있지 않습니다. 장군총은 장수왕의 무덤으로 보기도 하고 광개토왕의 무덤으로 보기도 합니다.

생각으로 떠나는 역사 여행

고구려 시대에 대해 알면 알수록 궁금한 것도
많아집니다. 고구려 사람들이 남긴 유물과 유적,
벽화 속에 숨겨진 비밀과 진실을 역사가처럼
찾아보도록 해요.

삼국 시대 여러 나라의 귀걸이를 모아 놓았습니다. 이 가운데 고구려 귀걸이를 찾아 표시해 보세요.

정답은 62페이지에 있습니다.

쪽구들 그리기

고구려 쪽구들의 단면도입니다. 맨 아래 그림을 참고하여 단면도 위에 부뚜막에서 불을 지피는 장면을 그리고, 그 불의 열기가 전달되는 길을 빨간색으로 칠해 보세요.

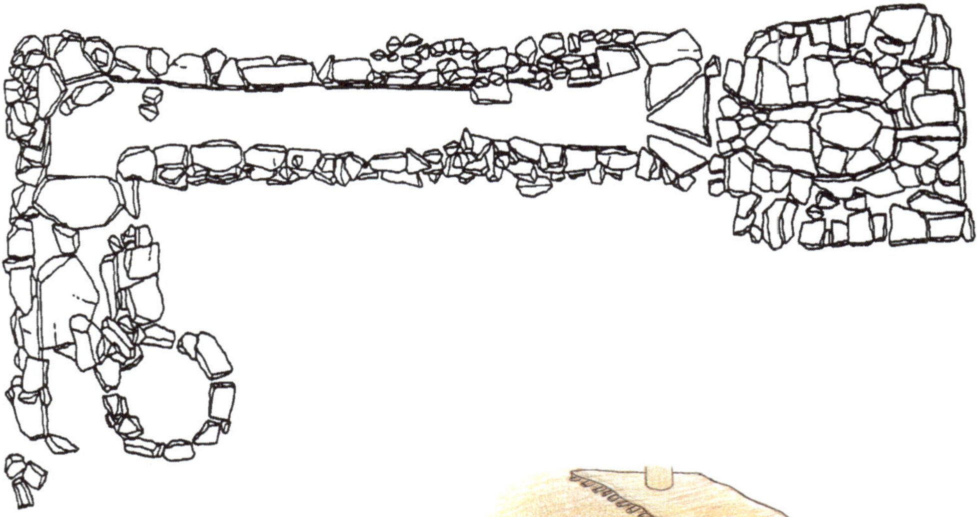

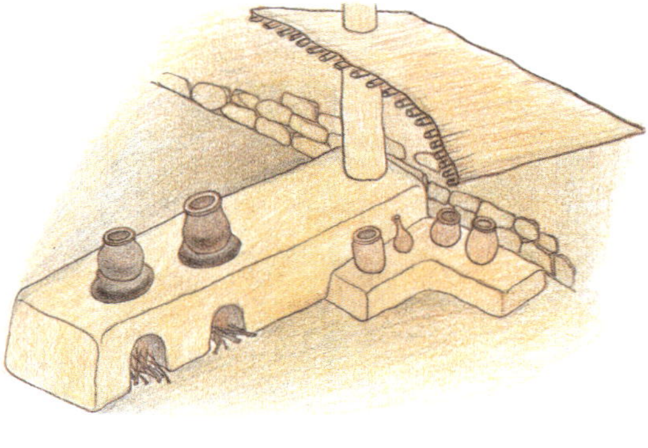

정답은 63페이지에 있습니다.

고구려 사람들은 고분 벽화에 사신을 그려 넣었습니다. 사신도는 동서남북을 지키는 수호신인 청룡, 백호, 주작, 현무를 그려 넣은 그림입니다. 죽은 사람이 무덤에서 편히 쉴 수 있도록 무덤을 지켜달라는 바람이 담겨 있습니다. 아래 사진에 각각 수호신의 이름을 써 넣으세요.

정답은 64페이지에 있습니다.

　아래 사진은 석촌동 고분군과 태왕릉입니다. 석촌동 고분군은 서울 석촌동에 위치해 있으며 백제 초기에 만들어진 무덤입니다. 태왕릉은 중국 길림성 집안시에 위치한 고구려 돌무지무덤입니다. 두 무덤의 사진을 보고 같은 점을 찾아 적어 봅시다.

석촌동 고분군

태왕릉

정답은 65페이지에 있습니다.

옆 그림은 무용총의 고분 벽화입니다. 이 벽화에 그려진 세 사람은 각각 신분이 다릅니다. 그림에 그 신분을 표시해 보세요.

주인 귀족 → ○

스님 → △

시종 → □

정답은 66~67페이지에 있습니다.

● 56페이지 정답

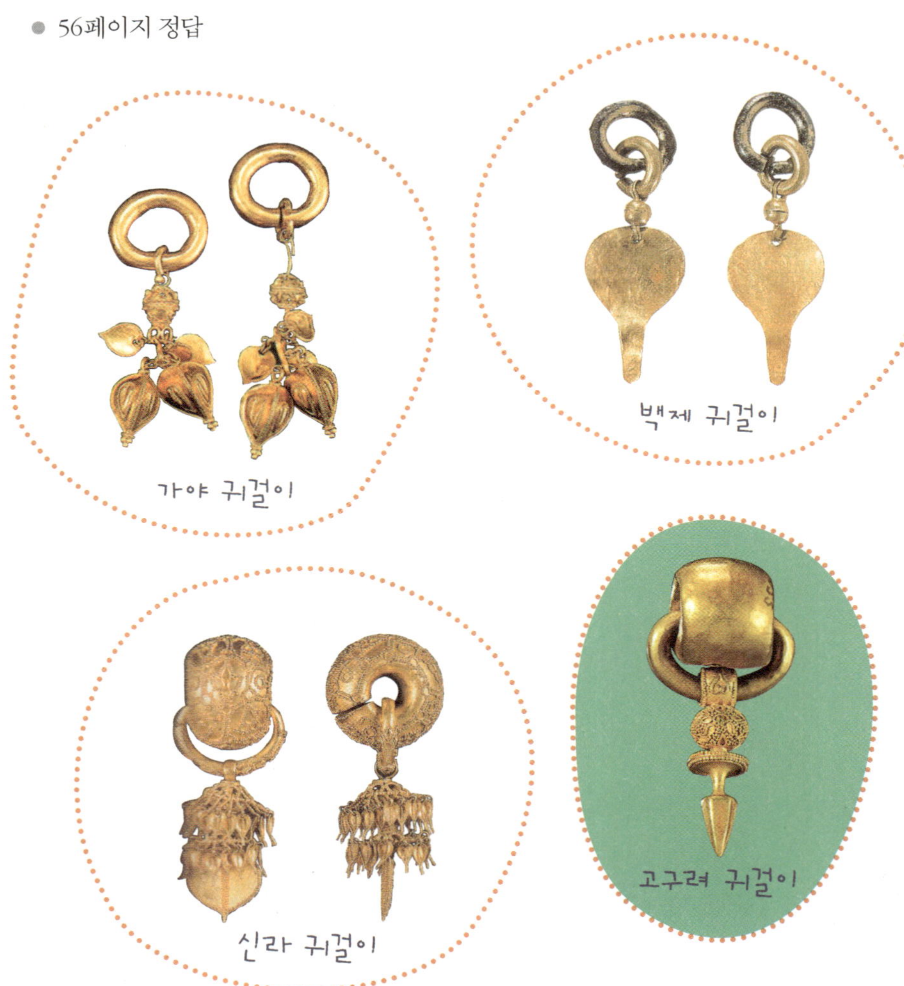

고구려 사람들은 금이나 금동으로 만든 굵은 고리 귀걸이와 가는 고리 귀걸이를 착용했습니다. 이들 귀걸이는 신라 귀걸이에 견주어 장식이 간소합니다. 고구려 귀걸이를 보면 추 모양의 장식이 달려 있는데, 이는 고구려 귀걸이에서만 보이는 특징입니다.

● 57페이지 정답

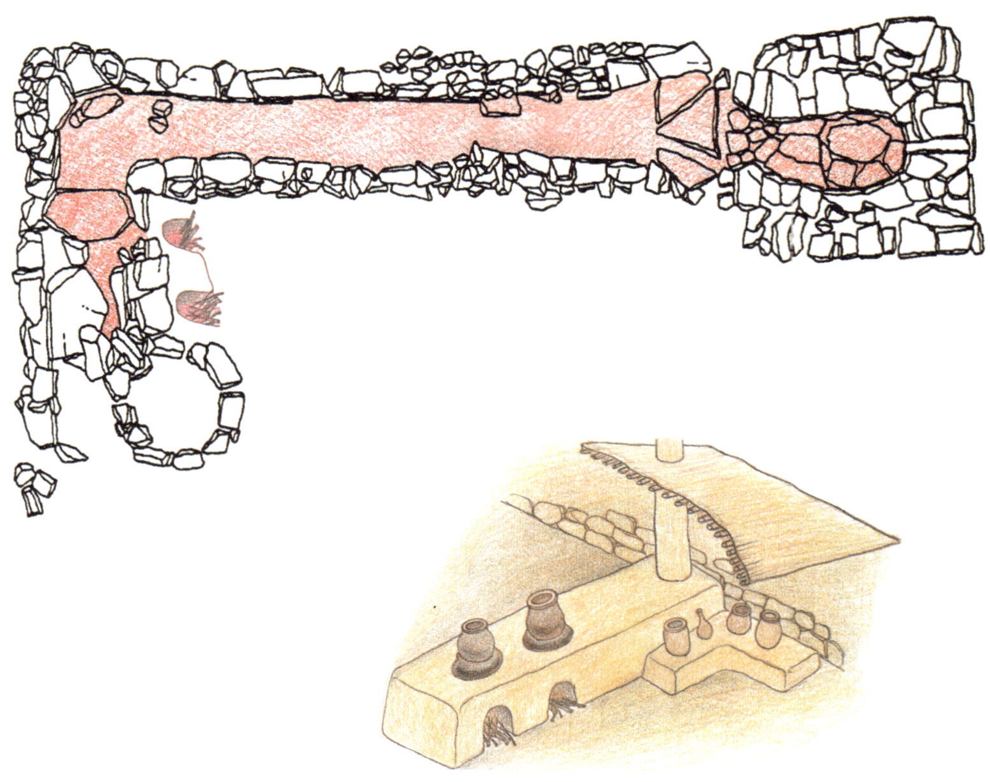

쪽구들은 먼저 고랑을 파고 그 위에 구들(돌)을 깔아 만들었습니다.
아궁이에 불을 지펴 생긴 열기가 고랑을 타고 고루 전달될 수 있도록
한 것입니다. 위 단면도에서 열기가 지나가는 길이 바로 고랑입니다.

청룡

백호

현무

주작

● 59페이지 정답

석촌동 고분군

태왕릉

석촌동 고분군과 태왕릉 모두 긴 돌로 아랫부분을 두르고
삼단으로 쌓아 올렸습니다.

돌무지무덤은 고구려 초기의 대표적인 무덤 양식입니다. 태왕릉 외
에도 장군총 등 여러 돌무지무덤이 옛 고구려 터에서 발견되었습니
다. 그런데 한강 유역에서도 고구려 돌무지무덤과 비슷한 무덤이 발
견되었습니다. 바로 서울 석촌동 고분군입니다. 고구려 양식의 돌무지
무덤이 서울 석촌동에 있다는 것은 백제를 세운 세력이 고구려와 가까
운 관계였음을 보여 줍니다.

● 60~61페이지 정답

그림을 자세히 살펴보면 등장한 인물들이 누구인지 추측해 볼 수 있습니다. 맨 왼쪽 사람은 머리를 삭발한 것으로 보아 승려라고 여겨집니다. 오른쪽 사람은 머리에 관모를 쓰고 팔짱을 낀 채 의자에 앉아 있습니다. 옷차림을 볼 때 귀족 남자로 보입니다. 가운데 사람은 한쪽 무릎을 꿇고 앉아 주인에게 음식을 올리는 것으로 보아 시종이라 여겨집니다.

특이한 것은 시종이 주인이나 스님과 견주어 아주 작게 표현되었다는 점입니다. 이는 신분의 차이를 드러냅니다.

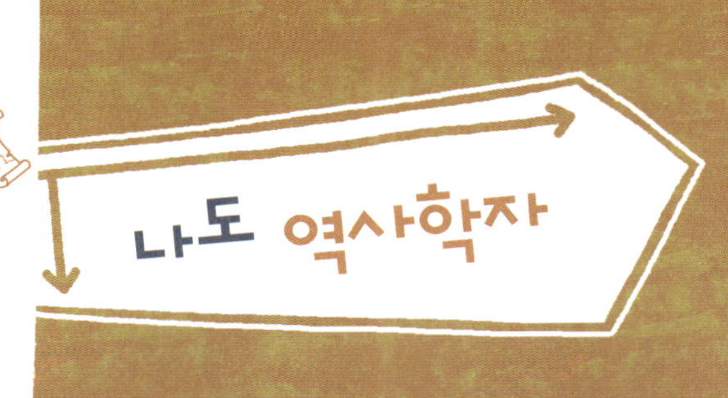
나도 역사학자

고구려 사람들이 사는 모습을 상상해 보세요.

박물관에서 보았던 유물들은 어떻게 쓰였을까요?

고구려 사람이 되어 그 유물들을 생활 속에서 사용했다고

생각하고 글을 써 보세요. 어떤 느낌이 들었나요?

고구려 유물 유적과 함께한 하루

이름 :

고구려 금세공자의 일기

윤예성
초등 무지개학교 5학년

왕비님께 드릴 금 귀걸이와 금 바늘이 드디어 완성되었다.
작고 동그란 금 사슬이 꿰어져 있고, 구멍이 뚫린 꽃잎 모양이
이어져 있는 아주 섬세한 귀걸이다. 바늘도 그 어느 때보다
날렵하고 매끈하게 잘 만들어졌다. 요즘 장안에서 한창
유행하고 있는 연꽃무늬를 수놓는데 아무런 어려움이 없을 것 같아
마음이 흡족하다.

내 조수가 갑자기 제 고향으로 떠나 버리는 바람에 원래
계획보다 한참이 더 걸렸는데, 왕비님이 언제 완성되느냐고
물어보실 때마다 얼마나 마음을 졸였는지…….

조금 늦어지기는 했지만, 꽤 멋지게 만들어져서 왕비님이
좋아하실 것 같다. 우리 왕비님의 미모를 한층 더 돋보이게 해
주겠지.

이제 내가 고구려 최고의 공예 장인으로 인정받을 날도
머지않았도다. 아, 이 얼마나 큰 영광인가!

어느 고구려인의 일기

윤예린
중등 무지개학교 1학년

나는 마을에서 가장 오래 산 62살의 평월이다.

나보다 나이는 하나 어리지만 어릴 적부터 친구로 지낸 평설과 나는, 죽으면 무덤에 그려 넣을 벽화를 구상하고 있다.

먼저 나는 죽은 후에도 부귀영화를 누릴 수 있도록 성대한 잔칫날을 그리고, 또 장신구를 한껏 두르고 종과 부하를 거느린 늠름한 내 모습도 그려 넣기로 했다. 평소에 걱정이 많은 평설은 사신, 청룡, 백호, 주작, 현무를 넣자고 한다. 나는 사실 죽은 후가 별로 두렵지 않지만 후손들을 위해서 그려 넣을까 한다.

"나는 부처랑 연꽃도 새겨야겠어. 이 나일 먹었지만 죽는 건 두려워. 다시 태어나려면 연꽃도 꼭 있어야겠지?"

역시 걱정 많은 평설이다. 사신을 그리자더니, 이제는 부처와 연꽃까지 넣자니……. 우리 마을에서는 호호 할머니로 통하지만, 이럴 때는 참 귀엽기까지 하다.

우리는 이렇게 대강의 의논을 마치고 고구려에서 손꼽히는 벽화 장인인 덕문에게 구상한 것을 넘겼다. 덕문은 껄껄 웃으며, 우리처럼 이렇게 세세하게 구상한 사람은 몇 십 년 환쟁이 생활에 처음 본다고 하였다. 나와 평설은 좀 쑥스럽기도 해서 덕문을 따라 크게 웃었다.

시간:　　　년　월　일 ～　　　년　월　일

장소:

함께했던 사람들:

사진 붙이는 곳

티켓 붙이는 곳

답사할 때 가장 재미있었던 것 :

답사할 때 가장 궁금했던 것 :

함께 보면 좋은 책, 사이트

추천 사이트 ────────────

국립중앙박물관 http://www.museum.go.kr
서울대학교박물관 http://museum.snu.ac.kr
한성백제박물관 http://baekjemuseum.seoul.go.kr
디지털고구려박물관 http://www.mgoguryeo.com
문화재청 http://www.cha.go.kr
국립문화재연구소 http://www.nrich.go.kr
경기도박물관 http://www.musenet.or.kr
고구려발해학회 http://www.palhae.org
고구려대장간마을 http://www.goguryeotown.co.kr

추천 도서 ────────────

고구려 이야기 | 민영 | 창비
고구려 고분벽화 이야기 | 전호태 | 사계절
고구려 평양성의 막강 삼총사 | 송언, 임기환 | 사계절
아! 그렇구나 우리 역사3 · 고구려 | 여호규 | 여유당
어린이 박물관·· 고구려 | 전호태 | 웅진주니어
한국사 편지 1 | 박은봉 | 책과함께어린이
한국생활사박물관3 · 고구려 | 한국생활사박물관 편찬위원회 | 사계절

참고 도서 ────────────

국립중앙박물관 개관 도록 | 국립중앙박물관
한국박물관 개관 100주년 기념 도록 | 국립중앙박물관
고구려 무덤 벽화-국립중앙박물관 소장 모사도 | 국립중앙박물관
아차산 제4보루 발굴 조사 보고서 | 서울대학교박물관
고구려-한양 유역의 요새 | 서울대학교박물관
하늘에서 본 고구려와 발해 | 서울대학교박물관
서울대학교박물관 소장품 도록 | 서울대학교박물관
중국 출토 벽화 전집-요령, 길림 | 과학출판사
집안 출토 고구려 문물 집수 | 과학출판사